L'EMPIRE

DEVANT LE PEUPLE

PARIS

IMPRIMERIE BALITOUT, QUESTROY ET Ce,

7, rue Baillif, et rue de Valois, 18.

L'EMPIRE

DEVANT

LE PEUPLE

PAR

MR OLIVIER PICHAT

PARIS

E. DENTU, LIBRAIRE-ÉDITEUR

PALAIS-ROYAL, 17 ET 19, GALERIE D'ORLÉANS

1870

L'EMPIRE

DEVANT LE PEUPLE

Se rendre compte de la politique du Gouvernement, examiner si elle a été conforme ou non aux promesses du Souverain, rechercher impartialement si les grands intérêts du pays ont été sauvegardés, c'est non-seulement le droit incontestable, mais encore le patriotique devoir de tout électeur à l'approche du jour où vont se décider les destinées du pays.

Quel a été, dès le début, le programme politique du Chef de l'Etat?

Comment l'a-t-il exécuté?

Que lui reste-t-il à faire pour répondre aux besoins présents et aux vœux de l'avenir?

Ces questions nous obligent à passer en revue les actes du gouvernement; après quoi chacun pourra se prononcer en connaissance de cause.

LA POLITIQUE IMPÉRIALE

Rappelons-nous ici en quel état se trouvait la France au moment de l'élection du Président de la République. La guerre civile succédant à l'anarchie, les clubs et la révolte en permanence, les doctrines les plus dissolvantes en honneur, l'industrie paralysée, le commerce anéanti, le travailleur sans ouvrage, le pauvre sans pain; partout la ruine et la misère s'aggravant chaque jour, sans autre perspective qu'un avenir pire encore.

Telle était la déplorable situation que la révolution de Février nous avait faite. Le plus difficile n'était pas d'indiquer le remède à tant de malheurs, c'était de rencontrer l'homme qui eût, à la fois, la volonté de bien faire et le pouvoir de faire le bien.

Cet homme, la France l'a deviné.

Il n'était d'abord qu'un *nom*, mais le plus grand nom de l'univers, et, par une de ces combinaisons providentielles pour l'avenir des peuples, l'héritier de ce nom était capable de le porter.

PROGRAMME

Tout d'abord, le Prince sut se placer à la hauteur de sa mission. Dans sa première proclamation, avant l'élection présidentielle du 10 décembre, il annonçait à la France la fin de ses maux; c'est-à-dire le rétablissement de l'ordre et de la confiance, la protection de la famille, de la propriété, de la religion, de tous les grands intérêts du pays, en même temps qu'il lui promettait l'accomplissement de ses vœux légitimes; les réformes et les progrès qu'elle réclamait vainement depuis tant d'années.

« Provoquer des réformes, disait-il, c'est admettre
» des économies qui permettent la diminution des
» impôts les plus onéreux; c'est encourager les entre-
» prises qui, en développant les richesses de l'agri-
» culture, peuvent donner du travail aux bras inoc-
» cupés; c'est songer à la vieillesse des travailleurs
» par des institutions de prévoyance; introduire dans
» nos lois industrielles les améliorations qui tendent,
» non à ruiner le riche au profit du pauvre, mais à
» fonder le bien-être de chacun sur la prospérité de
» tous; c'est prémunir la liberté de la presse des excès
» qui, partant de deux points opposés, peuvent néan-

» moins la compromettre, l'arbitraire et sa propre
» licence; c'est se persuader qu'avec la guerre il n'y
» a point de soulagement à nos maux; que la paix lui
» est de beaucoup préférable, en tant que la dignité
» nationale n'est pas atteinte; c'est penser à l'armée,
» dont le patriotisme si noble et si désintéressé ne
» s'est jamais démenti; c'est veiller au présent et à
» l'avenir, non-seulement des officiers, mais aussi des
» sous-officiers et des soldats, et préparer une exis-
» tence assurée aux hommes qui ont versé leur sang
» pour la défense de la patrie. »

Tel était le langage de celui que tout un peuple allait acclamer.

Jamais plus magnifique et plus difficile programme n'avait été tracé.

A-t-il été rempli?

Les faits seuls doivent se charger de répondre.

Mais avant de les signaler, disons qu'il en est un est plus éloquent que tous les autres. C'est la haine sans cesse croissante du parti hostile à l'Empire.

Et ce n'est point parce que l'élu du Peuple n'a pas réalisé son programme.

Au contraire.

C'est parce qu'il a fait pour le pays, pour les classes ouvrières, pour le peuple enfin, tout ce que n'ont pu faire ces réformateurs ardents qui, pendant si longtemps, ont donné à la France le spectacle de leur impuissance.

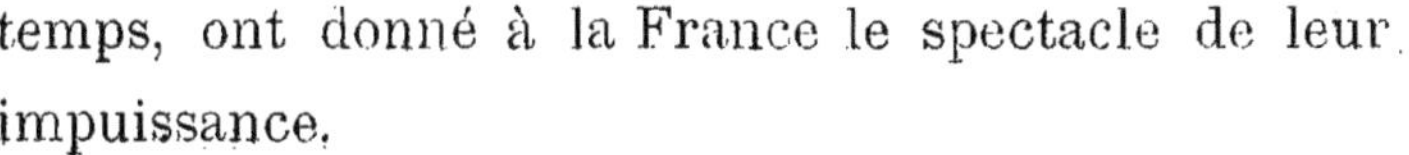

ACTES DE L'EMPIRE

Le premier, le plus grand service rendu au pays par l'Empereur, est d'avoir rétabli le suffrage universel qu'une assemblée rétrograde avait mutilé.

Grâce à lui, la France est aujourd'hui définitivement en possession d'elle-même, maîtresse absolue de ses destinées. Elle devait l'égalité civile à la Révolution de 89 et au Code Napoléon ; le suffrage universel l'a investie à tout jamais de l'égalité politique.

Désormais, plus de distinctions entre les classes, plus de conditions de cens ni de capacité ; tous les citoyens, riches ou pauvres, savants ou ignorants, nobles ou non, devant le scrutin ont des droits égaux, et le vote du malheureux, placé au dernier degré de l'échelle sociale, n'a pas moins de poids que celui du premier Prince du sang.

Où trouver, même dans les républiques les plus vantées, une institution aussi complétement démocratique ?

EFFETS DU SUFFRAGE UNIVERSEL

Le résultat le plus heureux de ce nouvel état de choses, c'est qu'il supprime les révolutions en les rendant impossibles. Pourquoi désormais le peuple se révolterait-il, et contre qui, si ce n'est contre lui-même, puisqu'il est le maître?

« Rétablir le suffrage universel disait l'Empereur, » c'est enlever à la guerre civile son drapeau, à l'op-» position son dernier argument. »

Les faits sont venus confirmer ces prévisions.

Pendant dix-huit ans, la France a oublié ce que c'était qu'une émeute.

GRANDEUR ET PROSPÉRITÉ
du pays.

Après avoir rétabli et consolidé l'ordre ainsi que la sécurité, l'Empereur s'est occupé de donner aux ouvriers du travail et du pain, il a rouvert, dans l'intérêt de tous, les sources de la richesse publique en restaurant le crédit, en ranimant l'industrie et le commerce, en favorisant l'agriculture, et comme il savait que *quand le bâtiment va, tout va,* c'est par des constructions de toutes sortes qu'il a commencé.

En quelques années, il achevait le Louvre que, depuis trois siècles, tous les gouvernements qui s'étaient succédé n'avaient pu terminer; il prolongeait la rue de Rivoli jusqu'à la Bastille; il couvrait Paris de monuments utiles, l'embellissait de magnifiques promenades, et sillonnait, en tous sens, le vieux Paris, de ces larges voies, de ces spacieux boulevards, qui font circuler l'air, la lumière, la salubrité, dans cette grande cité devenue par lui la première ville du monde, l'orgueil de la France, l'admiration des étrangers.

La province imitait la capitale.

Lyon, Marseille, Bordeaux, Lille se livraient aux mêmes travaux d'assainissement et d'embellissements. Sur tous les points du pays, l'impulsion vigoureuse, donnée par le Chef de l'État, réveillait l'activité et répandait l'aisance et la prospérité.

GRANDES VOIES

DE COMMUNICATION

En même temps, nos grandes lignes de chemins de fer étaient achevées; le second et le troisième réseau de ces voies fécondes, étaient successivement entrepris et menés à fin; le quatrième réseau est commencé, et bientôt la France sera, sous ce rapport, mieux dotée qu'aucune autre nation.

Nos routes impériales et départementales, nos chemins de grande et de moyenne communication étaient rectifiés, complétés, et mis dans le meilleur état d'entretien.

CHEMINS VICINAUX

Mais c'est surtout à l'achèvement des chemins vicinaux que s'est appliquée la puissante initiative du Souverain.

Dans sa lettre au Ministre de l'intérieur, il disait :

« J'ai lu avec intérêt le rapport que vous m'avez
» adressé sur la situation du service des chemins vi-
» cinaux. Le vœu que vous m'exprimez répond trop à
» ma sollicitude en faveur de l'agriculture pour que
» je ne tienne pas promptement à le réaliser. Les
» communes rurales, si longtemps négligées, doivent
» avoir une large part aux subsides de l'État, car l'a-
» mélioration des campagnes est encore plus utile
» que la transformation des villes.

» Il ne suffit pas d'assainir et de fertiliser de vastes
» étendues de territoire, et de travailler à la mise en

» valeur des biens communaux et au reboisement des
» montagnes, d'organiser des concours et de multi-
» plier les comices; il faut surtout poursuivre avec
» vigueur l'achèvement des chemins vicinaux. C'est
» le plus grand service à rendre à l'agriculture. Une
» allocation de 27 millions répartie sur sept exer-
» cices permettrait de terminer en huit années ces
» chemins importants.

» Pour obtenir un si grand résultat, l'Etat doit faire
» un sacrifice.

» Préparez donc un projet de loi dans ce sens. »

La volonté de l'Empereur s'exécute. Les subsides de l'Etat ont été répartis entre tous les villages de France, et, sous peu, l'achèvement des chemins vicinaux, qui importent tant à l'avenir des campagnes, sera un fait accompli.

PORTS ET CANAUX

Dans cette vigoureuse impulsion donnée à l'activité nationale, nos ports et nos canaux ne pouvaient être oubliés. Tout en en créant de nouveaux, le Gouvernement réparait, agrandissait, terminait les anciens et réduisait partout, au plus bas prix possible, dans l'intérêt de l'industrie et de l'agriculture, les droits de navigation.

MARINE

En même temps des expéditions étaient envoyées au delà des mers, de riches colonies étaient conquises pour ouvrir aux produits français de nouveaux débouchés; des traités de commerce étaient conclus avec les nations étrangères pour faciliter et multiplier ces échanges qui profitent également aux consommateurs et aux producteurs.

AGRICULTURE

L'agriculture, source de tout bien-être, devait avoir une large part dans les faveurs du nouveau règne. Aucun gouvernement n'a jamais autant fait pour multiplier les Sociétés, les comices, les concours, les expositions agricoles, pour briser les vieilles entraves, répandre l'enseignement des meilleures méthodes, récompenser le mérite et pousser à de nouveaux progrès.

INSTRUCTION PUBLIQUE

En satisfaisant ainsi, dans la mesure du possible, aux besoins matériels de la nation, l'Empereur ne négligeait pas ses besoins moraux, qui sont d'un ordre bien supérieur et dont le premier est l'instruction du peuple.

Jamais ce besoin n'avait été mieux compris. Depuis quelque temps surtout, le Gouvernement redouble d'efforts pour multiplier les écoles, en faciliter l'accès aux élèves, améliorer le sort des maîtres, stimuler leur zèle et celui des communes; il a même repris en sous-œuvre, au moyen des cours d'adultes, l'instruction précédemment trop défectueuse des habitants des campagnes.

L'enseignement secondaire et l'enseignement supérieur étaient l'objet de la même sollicitude. Ces deux grandes branches de l'instruction nationale, auxquelles la France doit ses plus merveilleuses découvertes dans les sciences, et son incomparable gloire littéraire, ont été étendues, perfectionnées, mises à la portée d'un plus grand nombre, et complétées par la création de ces écoles professionnelles, si utiles aux progrès de l'industrie et de l'agriculture.

CULTE

Les intérêts religieux sont d'un ordre trop élevé pour avoir été négligés. Tout en maintenant énergiquement la liberté des cultes, le Gouvernement ne pouvait oublier que le catholicisme est la religion de la majorité des Français; il consacrait chaque année des sommes importantes à réparer les églises et les cures, à augmenter le nombre des paroisses, à améliorer le sort des desservants. En même temps qu'il honorait les évêques, les affranchissant d'entraves inutiles et les appelant aux plus hautes dignités de l'Etat, l'Empereur n'oubliait pas les devoirs attachés à son titre de *Fils aîné de l'Eglise;* jamais la protection de la France sur les catholiques du monde entier ne s'est montrée plus prompte, plus efficace; et qui ne sait que, si la Papauté a conservé le siége de son indépendance, c'est à nos soldats qu'elle le doit.

INSTITUTIONS

POUR LE BIEN-ÊTRE DES CLASSES OUVRIÈRES

Les institutions de bienfaisance en faveur des

classes laborieuses ne pouvaient manquer de préoccuper vivement l'Empereur.

Il devait son pouvoir au peuple, c'est avant tout au peuple que ce pouvoir devait profiter.

Aussi vit-on se succéder rapidement les mesures les plus populaires : la création des chambres syndicales pour les ouvriers, la multiplication des caisses d'épagne et des Sociétés de secours mutuels, la fondation de la caisse des retraites pour la vieillesse, des assurances en cas de mort ou d'accidents; la loi sur la salubrité des logements des travailleurs, l'exemption pour eux des impôts personnels et locatifs; l'établissement de fourneaux économiques: l'institution de médecins gratuits pour les campagnes; les hospices du Vésinet et de Vincennes, où l'ouvrière et l'ouvrier convalescents reçoivent, aux frais de l'Empereur, tous les soins qu'exige le rétablissement de leur santé; la Société des prêts à l'enfance et au travail, sous le patronage du Prince Impérial, et tant d'autres œuvres que l'Impératrice a fondées ou qu'elle soutient; enfin, les pensions viagères qui viennent d'être votées pour les glorieux survivants des armées du premier Empire.

Ce n'est pas tout.

L'égalité civile, établie par nos lois, entre toutes les classes de citoyens, renfermait une fâcheuse exception contre les ouvriers et les domestiques. Le témoignage des uns et des autres devant la justice n'avait aucun poids en présence de celui des maîtres ; et, tandis qu'il était facile aux patrons de s'entendre entre eux pour fixer le salaire de leurs ouvriers, ceux-ci ne pouvaient se réunir pour défendre leurs droits sans s'exposer à l'amende ou à la prison. Des lois récentes ont fait disparaître cette exception, dernier vestige de l'esclavage féodal. Désormais les ouvriers ont le droit de se concerter, et leur témoignage, ainsi que celui des domestiques, aura, en justice, la même autorité que celui du maître et du patron.

Restait une dernière mesure à prendre pour émanciper complétement les classes laborieuses ; nous voulons parler de la suppression du livret que l'ouvrier était obligé de se faire délivrer par la police. Grâce à la paternelle sollicitude de l'Empereur, pour qui le travail relève l'homme au lien de l'abaisser, l'ouvrier est désormais affranchi de cette humiliante formalité.

ARMÉE

L'armée de terre et de mer, qui est à la fois l'honneur et le rempart du pays, ne fut pas négligée sous le règne de l'héritier du grand capitaine. La situation des soldats et des marins, comme celle de leurs chefs, a été, sous tous les rapports, largement améliorée; la durée et les fatigues du service ont été réduites, la paie et les pensions de retraite augmentées, l'avenir des sous-officiers et soldats garanti par la multitude des emplois que l'État tient pour eux en réserve après leur libération.

Mais ce qui a surtout attaché l'armée à la Dynastie, c'est le prestige rendu à notre drapeau; c'est la gloire nouvelle dont elle s'est couverte en Afrique, en Crimée, en Italie, en Chine, en Syrie, au Mexique; dans toutes les parties du monde, elle s'est montrée digne de ces phalanges immortelles que Napoléon Ier a si souvent conduites à la victoire.

DÉCENTRALISATION

L'Empereur ne s'est pas borné à développer tous les éléments de prospérité du pays et à multiplier les institutions démocratiques. Convaincu qu'un peuple ne peut rester longtemps en tutelle sans dégénérer, que la liberté ne lui est pas moins nécessaire que l'ordre; le mouvement que la sécurité, il s'est empressé d'appeler à la vie politique toutes les forces vives du pays, aussitôt qu'il a cru pouvoir le faire sans danger.

Par une série de mesures successives, les départements et les communes ont été mis en possession de la gestion de leurs affaires; les discussions des grands corps de l'Etat ont été rendues publiques; ces corps ont obtenu, d'abord, le droit d'exprimer, dans une adresse, leur opinion sur la conduite du Gouvernement, tant au dedans qu'au dehors; puis celui de l'interpeller; puis enfin, ils ont vu les ministres, aujourd'hui responsables de leurs actes, venir au milieu d'eux prendre part à leurs délibérations, et leur donner toutes les explications qui pouvaient intéresser le pays.

PRESSE & RÉUNIONS PUBLIQUES

Mais les deux mesures les plus libérales dont l'Empereur ait pris l'initiative, ce sont la *liberté* de la presse et le droit de *réunion* des citoyens. Désormais la la France n'a plus rien à envier, sous le rapport des libertés publiques, aux nations les plus avancées.

Ces mesures étaient hardies. En pensant aux excès des clubs et de la presse, sous les régimes antérieurs, de bons esprits les considéraient comme de dangereuses concessions.

L'Empereur pourtant a persisté dans l'exécution de son programme libéral, et la France, qui lui doit cette double émancipation, lui prouvera bientôt qu'il n'a pas eu tort de se confier à son bon sens et à son dévouement.

RÉSUMÉ de la SITUATION ACTUELLE du pays

Le tableau sommaire des progrès réalisés sous le second Empire, comparé avec ce qui s'est fait dans le passé, en dit plus que toutes les paroles.

Pendant les dix-huit dernières années :

Notre agriculture s'est enrichie de 458,000 hectares cultivés; la production des céréales et autres plantes alimentaires s'est accrue de 33 millions d'hectolitres, et celle des vignes de 35 millions.

Les espèces bovine et chevaline ont augmenté de 700,000 têtes.

Le revenu de nos forêts s'est accru de 14 millions de francs; l'ensemencement des dunes et le reboisement des montagnes, de 100,000 hectares.

Notre commerce général et spécial, qui n'était précédemment que de 4 milliards et demi, est aujourd'hui de plus de 14 milliards, et notre commerce intérieur a augmenté de plus de 5 milliards; nos valeurs mobilières, qui n'étaient que de 6 milliards, s'élèvent, en ce moment, à près de 19 milliards.

Notre commerce maritime, par navires français et étrangers, a augmenté de près de 7 millions de tonnes, et nos bateaux à vapeur transportent 115,000 tonnes de plus que précédemment.

C'est surtout dans le développement de nos voies de communication que le progrès a été frappant. Nos chemins de fer qui, en 1851, ne comptaient que 3,500 kilomètres, en ont aujourd'hui plus de 16,000; nos routes impériales se sont allongées de 7,400 kilomètres, nos routes départementales de 6,000, et nos chemins de grande communication de 27,000.

La France dépensait annuellement, pour ses chemins vicinaux, 63 millions; elle y consacre aujourd'hui plus de 100 millions.

Les nouveaux ponts établis sont au nombre de 85; les bureaux de poste de 1,400; le nombre des lettres s'est élevé de 165 millions à 324, et le réseau télégraphique s'est accru de 35,000 kilomètres.

L'instruction publique a vu le nombre des écoles primaires s'élever de 60 à 70,000; les élèves de ces écoles augmenter de plus d'un million, et celui des élèves gratuits dans la même proportion.

L'instruction secondaire compte aujourd'hui 25,000

élèves de plus. Les dépenses de l'instruction publique
à la charge du budget de l'Etat ont été portées de
16 à 26 et aujourd'hui à 101 millions.

Les beaux-arts et les cultes ont eu une large part
dans la munificence nationale; 18 millions ont été
consacrés à l'encouragement des artistes et des litté-
rateurs; 50 millions à la réparation des monuments
historiques; 150 millions aux bâtiments civils, 75 millions aux édifices diocésains et paroissiaux.

Les établissements de bienfaisance de toute sorte
pour les pauvres, les malades, les aliénés, les enfants
assistés, ainsi que les caisses d'épargne, de secours
mutuels et les salles d'asile, se sont multipliés par
milliers et reçoivent aujourd'hui de l'Etat 10 millions
de subventions de plus qu'en 1851.

Quant aux revenus publics, ils se sont accrus, en
18 ans, de 745 millions, malgré le dégrèvement de
27 millions sur l'impôt foncier et la diminution du
revenu de la douane par suite des nouveaux traités
de commerce.

Enfin, Paris et plusieurs de nos grandes villes ont
été complétement transformées. La valeur des pro-
priétés bâties dans la capitale s'est accrue de près de
3 milliards, et le revenu de cette ville, qui était, en
1851, de 54 millions, s'élève à presque 200 millions
aujourd'hui.

Tels sont, en résumé, les résultats du Gouvernement impérial.

MANIFESTE DE LA GAUCHE

Et c'est après avoir vu se dérouler tous les actes que nous venons d'analyser, alors qu'on se demande ce qu'il faut le plus admirer, de la quantité et de la grandeur des choses qui se sont accomplies ou de la rapidité avec laquelle elles ont été réalisées, c'est après cela, disons-nous, que sans se demander le bien qu'elle a pu faire au pays, la Gauche, avec la Presse Démocratique, ose publier le manifeste factieux et mensonger dans lequel elle conseille ou l'abstention ou un vote négatif.

Manifeste factieux!

En ce qu'il fait appel aux plus mauvaises passions politiques et vient, dans un moment où la nation a le plus besoin de calme et de recueillement, exciter les citoyens à la haine des uns contre les autres.

Manifeste mensonger!

En ce qu'il dénature sciemment les principes consacrés dans la nouvelle Constitution.

Non, messieurs les irréconciliables ; non, messieurs

les démagogues, vous ne parviendrez jamais à oblité-
rer le bon sens qui domine les masses, vous n'anéan-
tirez pas ce patriotisme pur et ardent qui anime la
France, vous n'éteindrez pas dans le cœur des habitants des campagnes, le profond sentiment de re-
connaissance que leur ont inspiré les institutions
libérales dont l'héritier du héros des temps modernes
a doté la France depuis dix-huit ans.

Le 2 décembre, dites-vous, *a courbé la France sous
le pouvoir d'un homme!*

Vous savez bien que cela n'est pas vrai!

Au 2 décembre la démagogie, presque triomphante,
avait mis la France à deux doigts de sa perte.

Et le sang qu'elle avait fait répandre en juin 48
épouvantait encore la nation.

La France ne s'est pas courbée!

La France s'est souvenu!

Napoléon Ier l'avait déjà sauvée des horreurs de 93.
L'héritier du grand nom devait aussi la sauver de 48.
— Et le nom de Napoléon retentit aussitôt d'un bout
de la France à l'autre.

A peine ce nom magique eut-il été prononcé, que
toutes les agitations cessèrent.

Frappée comme par une secousse électrique, la
nation se sentit tout à coup ranimée, les craintes se
changèrent en espérances, et avec un élan irrésistible,

qui rappelait ce qu'on avait déjà vu au retour d'Égypte et de l'île d'Elbe, elle se précipita au devant de celui dont elle attendait son salut.

Et ses espérances ne furent pas déçues.

Les actes qui se succédèrent rapidement, aux acclamations de tout le pays, eurent bientôt rendu à la France sa prépondérance à l'extérieur, et à l'intérieur la tranquillité dont elle avait tant besoin pour cicatriser les plaies que vous lui aviez faites.

Et il n'y a que vous, tristes irréconciliables, pour oser dire qu'*aujourd'hui le Gouvernement personnel est jugé par ses fruits, que l'expérience le condamne, que la nation le répudie.*

Ces fruits, nous venons de vous les énumérer.

Et vous ne savez que trop que la nation ne le répudie pas, mais que c'est contre vous, au contraire, qu'elle est en garde.

Qui êtes vous?

Où êtes-vous?

Comptez-vous!

Vous ajoutez que :

Aux élections dernières, le peuple français a manifesté hautement sa volonté souveraine : au Gouvernement personnel, il entend substituer le Gouvernement du pays par le pays.

Vous croyez donc la nation bien bête que vous osez lui raconter de pareilles niaiseries! Il y a longtemps qu'elle connaît votre vertu nationale, et qu'elle sait que substituer : au gouvernement personnel le gouvernement du pays par le pays, cela veut dire : *Mettez-nous à la place du Souverain.*

La nation se souvient, et n'est pas avec vous.

Comme nous, vous avez compté le nombre des voix que vous avez obtenues, des échecs que vous avez subis.

. Comme nous, vous savez que malgré cette conspiration, alliance hybride de l'orléanisme et de la démagogie, qui s'étaient, *proh pudor!* donné la main sous les drapeaux Thiers et Jules Favre, et qu'on avait décoré du titre d'Union libérale, titre menteur qui n'a trompé personne, chefs et soldats sont restés au fond de l'urne au premier tour de scrutin.

Vous savez bien quels efforts et quelle diplomatie occultes il vous a fallu déployer pour faire surgir votre infime minorité à la deuxième épreuve.

Et après ce raccroc de l'urne de quelques candidatures radicales, si chèrement achetées, vous avez l'impudeur de dire qu'aux dernières élections la France a hautement manifesté sa volonté.

Oui, la France a manifesté sa volonté, mais c'est contre vous, c'est en vous répudiant, vous, les hommes de la LIBERTÉ PERSONNELLE, vous, les hommes des ambitions subversives.

Mais ce n'est pas tout.

Avec une très-grande perversité, vous cherchez dans votre manifeste a surprendre la bonne foi du peuple, en exagérant l'omnipotence du chef de l'Etat, et en détournant de son véritable sens la Constitution nouvelle, qui va être soumise à la ratification de tout un peuple.

Pouvoir personnel, dites-vous?

Redoutables prérogatives conservées intactes?

Vous avez beau aiguiser des mots aux pointes acérées, en faire une arme gauloise qui plaît au vieil esprit français, vous n'atteindrez pas le but que vous vous proposez. A l'heure qu'il est, le peuple rit des mots, et ne croit plus qu'aux actes.

Il vous connaît de longue date, impitoyables autocrates républicains, qui, depuis 93, n'avez pas changé de langage. Dans cette lutte de vos ambitions contre le bon sens public, vous ne parviendrez à tromper que vous-mêmes.

Et ce peuple au nom duquel vous prétendez vous élever, a appris à connaître les deuils que votre soif féroce du pouvoir a semé sans cesse sur son passage.

L'Empereur que vous attaquez est bien plus démocrate que vous.

C'est là ce qui soulève vos colères.

La réalisation du progrès démocratique et social, qui est aujourd'hui la haute vocation de l'Empire, est pour vous la plus amère des déceptions.

C'est ce que vous voudriez empêcher à tout prix. Car c'est pour vous une question de vie ou de mort.

Encore quelque temps, et les libertés complètes données par l'Empire, au milieu du calme et de la dignité qui convient à une nation forte, auront tué le parti que vous représentez, et si une voix tentait alors de s'élever contre les institutions du pays, elle tomberait sous le mépris public.

Et maintenant que nous avons fait connaître à nos concitoyens,

D'une part, les immenses travaux, les utiles progrès réalisés par l'Empire libéral;

D'une autre, les utopies, les colères, les ambitions du parti démagogique :

A vous de choisir entre eux.

Vous êtes aujourd'hui le Souverain. Votre décision sera sans appel. C'est de l'avenir de notre chère et belle patrie que nous allons tous décider dans ces solennelles assises du Plébiscite.

Sur le drapeau de la liberté et du patriotisme est écrit :

OUI.

Sur drapeau de la révolution est écrit :

NON.

Notre choix ne saurait être douteux ;

Pendant dix-huit ans, dit un des jeunes rédacteurs de la presse libérale, Robert Mitchell, l'Empire nous a protégés.

A notre tour maintenant.

Levons-nous !

Et, par notre attitude, donnons une force nouvelle, une base inébranlable aux libertés publiques, à la dynastie qui nous les a rendues.

OLIVIER PICHAT.